AF509830

# NOTICE

SUR

# L'ÉGLISE SAINT-BARNARD

# DE ROMANS.

# NOTICE

SUR

# L'ÉGLISE SAINT-BARNARD

## DE ROMANS.

A MESSIEURS LES MEMBRES DE LA SOCIÉTÉ DE STATISTIQUE
DU DÉPARTEMENT DE LA DROME (1).

*Messieurs,*

Il existe à Romans une église dédiée à saint Barnard dont les premières constructions remontent au $9^e$ siècle. Comme œuvre d'art son mérite est incontestable; comme monument historique elle rappelle un fait important : c'est dans son enceinte que fut signé, le 30 mars 1349, l'acte qui réunit le Dauphiné à la France.

On ne peut comprendre que les archéologues

(1) L'auteur, comme membre de la Société de statistique devait adresser cette Notice à ses collègues; mais son titre d'architecte de Romans lui impose un autre devoir, celui de faire connaître en détail à cette ville un monument de son histoire; aux amis des arts, une architecture presqu'ignorée; et au clergé, l'œuvre d'un corps ecclésiastique autrefois célèbre. Le bulletin mensuel de la Société de Statistique n'étant pas assez répandu, pour atteindre ce but, quelques exemplaires de la présente notice ont dû être tirés isolément.

auxquels nous devons des descriptions très-dé-
taillées de quelques ruines éparses dans notre département, n'aient pas consacré leurs travaux à
l'étude de cette œuvre du moyen-âge. Nous n'avons
pas même des notions sommaires sur son architecture, il n'a été fait mention que de son exis-
tence. Qu'il me soit permis, Messieurs, de vous don-
ner une description complète de ce monument, et
de réparer l'oubli dans lequel on l'a laissé, en vous
faisant remarquer toutes les beautés qu'il ren-
ferme. Il appartenait sans doute à un observateur
plus habile que moi de vous initier à la connais-
sance de tout ce que l'art revendique dans un édifice aussi remarquable ; mais à défaut de talent je
puis soumettre à votre juste appréciation un exa-
men consciencieux et approfondi.

Avant d'entrer en matière, quelques dates sont
ici nécessaires ; elles se rattachent aux diverses
révolutions qu'a subies le monument.

En 837, Barnard, archevêque de Vienne, fonde
sur les bords de l'Isère l'église qui porte son nom ;
le monastère des religieux qui la desservent voit
bientôt se grouper autour de lui les premières maisons de Romans. En 913, une bande armée attaque
le monastère, et dévaste l'église ; sept ans après,
l'archevêque Alexandre la rétablit. En 937, Sobon
vient mettre le siége devant l'abbaye rebelle à son
autorité ; il l'emporte de vive force, et en incendie
les bâtiments. L'église souffre beaucoup en cette
circonstance ; elle n'est réparée qu'au 11ᵉ siècle
par le célèbre Léger. En 1133, Guigues, comte d'Al-

bon, prend d'assaut la ville de Romans ; les maisons sont livrées aux flammes, et l'église est enveloppée dans la dévastation générale. Peu de temps après, son chapitre alors riche et puissant la restaure à ses frais.

Tel est le précis des diverses époques de constructions et de réparations du monument. Depuis l'année 1133 il est resté intact ; les calvinistes l'ont épargné au 16e siècle, et nos derniers orages révolutionnaires ne l'ont point endommagé.

L'église Saint-Barnard est remarquable en ce qu'elle est formée de deux architectures d'âge et de style différents. Les murs de la nef et de la façade d'entrée, depuis la base jusqu'à une élévation de douze mètres, sont les restes d'une première basilique. A cette hauteur, une construction plus récente se trouve entée sur l'ancienne, et forme la partie supérieure de la nef. On distingue très-bien la ligne de soudure des deux maçonneries, et si les formes architecturales n'indiquaient pas qu'il existe deux styles d'époques différentes superposés dans les murs latéraux, on s'en assurerait bientôt à l'inspection des pierres de taille qui en forment les parements.

Les parties les plus anciennes appartiennent à cette architecture dégénérée de l'art romain, et née au 4e siècle, alors que Constantin, quittant Rome pour Bysance, ordonna la destruction de tous les temples païens. Les parties les plus récentes sont revêtues de ce type architectural qui, apporté de l'Orient par les Maures, a détrôné le plein cintre bysantin au 11e siècle, et a été improprement appelé gothique. Le chevet et la croisée de l'église sont d'une seule venue, ils sont construits depuis la base jusqu'au faîte dans le même style que les parties supérieures de la nef.

Si l'on pénètre à l'intérieur par la porte occidentale, l'imposante perspective qui s'offre à la vue saisit l'ame d'étonnement et de respect. Au premier abord les constructions gothiques frappent seules l'œil de l'observateur. Une nef majestueuse de onze mètres de largeur présente à droite et à gauche de vastes travées séparées par des accouplements de colonnes. A douze mètres au-dessus du sol un double rang de tribunes se développe sur tout le périmètre de l'édifice et lui forme une ceinture de 160 arcades en ogive. Dans le fond apparaît un chevet magnifique; ses murs construits sur un plan polygonal produisent par l'obliquité de leurs faces, par l'opposition des pleins et des vides les effets d'ombre et de lumière les plus piquants et les plus variés. De toutes parts de sveltes colonnes s'élancent pour supporter une belle voûte ogivale, et de leurs tailloirs à huit pans jaillissent des faisceaux de nervures qui forment par leurs inflexions curvilignes un berceau dont on ne peut se lasser d'admirer la coupe élégante : noblesse et élévation de style, simplicité dans le plan, manière large et grandiose dans l'ordonnance générale, tout concourt à faire de cette architecture un modèle du gothique primitif.

Les constructions bysantines qui occupent les parties inférieures des murs de la nef sont peu apparentes; elles se composent de quarante arcades à deux étages autrefois ouvertes et maintenant bouchées; celles de l'étage inférieur sont à peine reconnaissables, celles de l'étage supérieur sont encore visibles; elles font saillie de vingt centimètres sur le nu dumur, et leurs pieds-droits sont décorés de seize colonnes dont les chapiteaux sont bien conservés. Les uns sont formés de feuilles et d'ornements bysantins, les autres représentent des figures grotesques ou des sujets empruntés aux légendes chrétiennes.

Si l'on veut étudier avec fruit le monument, et bien se pénétrer de son architecture, il faut se placer au premier étage des tribunes; de là on peut établir un parallèle immédiat entre les deux systèmes qui se sont partagés les édifices du moyen-âge, et juger d'un seul coup-d'œil le mérite de chacun. A cet égard l'église de Romans est un monument très-précieux, et les parties latérales de sa nef forment un tableau des plus rares qui existent.

Les chapiteaux gothiques se distinguent par l'originalité de leurs compositions, et l'œil se perd dans l'insaisissable variété de leurs formes : ce sont des figures d'hommes, des armoiries, des écussons et des feuillages presque tous imaginaires; mais ces sculptures sont très-médiocres; les profils sont incorrects, les feuilles sèches et raides et les ornements grossiers; il y a dans tous les détails absence totale de naturel et de vérité d'imitation. Dans les colonnes bysantines, les chapiteaux sont plus riches, la pierre y est taillée en feuilles d'acanthe ou découpée en ornements délicats; cinq d'entre eux offrent des dessins particuliers. Le premier est un groupe d'animaux, le second une réunion de petites statues, le troisième un triple mascaron, dans le quatrième on a voulu représenter l'annonciation de l'ange à la Vierge, et dans le cinquième, la Justice divine tenant d'une main un glaive et de l'autre une balance. Ces chapiteaux n'ont ni des proportions parfaites, ni un fini d'exécution extrême; mais leur décoration indique une époque ou les traditions de la bonne sculpture n'étaient pas entièrement perdues; le galbe est gracieux, les tiges sont flexibles et naturelles, et les reliefs bien ciselés.

Si relativement aux détails le bysantin l'emporte sur le gothique, sous le rapport de l'ensemble ce dernier regagne bien la supériorité. Il y a dans son architecture je ne sais quelle grandeur mystérieuse qui élève et maîtrise l'âme; on ressent à son aspect une émotion dont on ne peut se rendre compte, mais que l'idée d'immensité peut seule faire naître. Dans le système bysantin, les arcades sont lourdes et massives; dans le gothique, elles sont admirables de souplesse et d'élancement. Ici, des lignes sans éclat, des formes membrues, des habitudes molles et pesantes; là, des arêtes brillantes et énergiques, des proportions dégagées, une allure pleine de légéreté et d'expression.

L'effet de l'architecture au-dehors de l'église répond à l'impression qu'elle fait au-dedans. La porte d'entrée est très-remarquable. Sa décoration toute bysantine se compose de deux pilastres, de six colonnes et de quatre statues portées sur un stylobate, et surmontées d'un riche couronnement. Les statues qui représentent les quatre évangélistes reposent sur un bas-relief formé de lions qui dévorent des hommes. Cette image des hérésies vaincues par la force évangélique se retrouve fréquemment dans les églises romanes. Malheureusement on ne distingue plus aucun trait du visage des apôtres, et le bas-relief est dans un état de dégradation extrême. Les autres parties de la décoration sont mieux conservées. Trois colonnes ont le fût taillé de cannelures droites ou torses, une quatrième a des feuilles comme le tronc du palmier, les deux autres sont entièrement unies. Les chapiteaux de ces colonnes n'offrent pas moins de variétés : les uns sont garnis de feuillages, ceux-ci de statues, ceux-là de monstres fabuleux. La corniche est très-riche ; le ciseau du sculpteur l'a couverte de palmettes, de feuilles et de fleurons mariés avec intelligence. En général tout ce travail est délicat, et il y a de la finesse dans le dessein des ornements ; mais le défaut de goût et le manque de simplicité font bien voir à quel point de recherche et de maniérisme l'architecture était alors tombée. Cette porte n'en est pas moins un morceau de sculpture très-précieux, et il est heureux qu'au travers des troubles et des révolutions plusieurs de ses détails si fragiles aient pu se conserver intacts.

jusqu'à nous. Rien ne la garantit maintenant des outrages, si ce n'est l'admiration publique.

On ne remarque à l'extérieur aucune autre construction bysantine; le corps de l'édifice est en majeure partie gothique. C'est un immense vaisseau en forme de croix latine dont la longueur totale est de soixante-cinq mètres depuis le chevet jusqu'à l'entrée principale, dont la largeur est de trente-sept mètres entre les extrémités de la croisée, et dont la hauteur depuis le pavé jusqu'au faitage de la toiture est de vingt-sept mètres et demi. Les murs ont des proportions colossales et présentent de grandes surfaces lisses sur lesquelles se détachent d'énormes pilastres carrés et de larges fenêtres gothiques; des cordons saillants en divisent la hauteur, et à quelques-uns de leurs angles sont attachées des tourelles octogones.

Mais n'est-il pas affligeant de voir la majestueuse simplicité de cette masse dégradée par l'application d'un bâtiment en cailloux contre la façade méridionale? Ce bâtiment s'élève à quatorze mètres au-dessus du sol. En arrivant à Romans par le côté du pont le voyageur est frappé par l'aspect de cet acte de vandalisme, véritable profanation dont on ne peut présenter l'idée aux étrangers qu'en leur figurant une toile de Raphaël sur laquelle une main sacrilége aurait osé créer en faisant disparaître le chef-d'œuvre du maître.

Qu'il me soit permis de joindre ici mes vœux à ceux si souvent émis par les amis des arts pour qu'incessamment justice soit faite à cette offensive muraille, et que par une entière démolition on expose à l'admiration du public une partie de l'édifice rendu à ses beautés originelles. Qu'il me soit encore permis de fixer la sollicitude de l'administration sur les maisons adossées à la partie nord de l'église. Si, quelque jour, les ressources de la ville étaient suffisantes pour que l'on pût faire l'acquisition de ces propriétés particulières, le monument si long-temps emprisonné se trouverait entièrement dégagé et regagnerait avec la liberté toute son antique splendeur. Ce projet aurait un autre avantage : la grande place de Romans trouverait, par la démolition des maisons, la largeur qui lui manque et serait alors remarquable par l'étendue de sa surface et le grandiose de son coup-d'œil (1).

A gauche de la porte d'entrée, et contre le mur de la nef est un clocher rectangulaire dont la construction est de la même date que les parties supérieures de l'édifice ; sa base est formée de grandes assises en pierres de taille, et son sommet est dé-

(1) Les administrations locales n'ont pu être encore autorisées à exproprier, pour cause d'utilité publique, les propriétaires des maisons qui entourent les édifices religieux. La Société académique d'Orange, frappée des inconvénients qui résultent de ce fâcheux état de choses, vient de faire à M. le ministre de l'intérieur une demande toute dans l'intérêt de nos vieux monuments, et se propose de solliciter à ce sujet l'adhésion des autres Sociétés savantes. La Société de Statistique répondra, je l'espère, à ce noble appel, et unira ses vœux et ses demandes à ceux de la Société académique d'Orange.

coré de colonnettes engagés et de belles fenêtres en
ogive. A droite est une vaste chapelle dépendante de
l'église ; elle est située à l'angle de la nef et de la
croisée, mais sa hauteur peu considérable ne sau-
rait nuire à la vue extérieure du monument. L'architecture de cette chapelle indique une époque
postérieure à celle du gothique de l'église ; ses ornements sont plus fleuris, plus festonnés, ses colonnettes plus effilées, ses ogives plus hardies ; elle
est marquée à l'estampille du 13e siècle. La voûte
de la partie où se trouve l'autel mérite d'être re-
marquée ; huit de ses arêtes viennent reposer sur
une seule colonne placée au centre, et produisent
l'effet le plus pittoresque. Les clefs de voûte sont
toutes sculptées ; dans quelques-unes la pierre est
découpée en feuillages avec un art vraiment mer-
veilleux. Il est à regretter qu'un badigeonnage
appliqué récemment sur la voûte et les murs de
cette chapelle ait fait disparaître la teinte naturelle
qui rappelait leur époque.

Quoique l'église de Saint-Barnard tire sa plus
grande valeur de la réunion qu'elle offre de deux
style différents, son gothique qui est dans sa construction l'architecture dominante a un grand mérite intrinsèque et pourrait seul illustrer un édifice. On n'y voit pas la pierre dentelée et à jour
comme dans les églises de Strasbourg et de Milan
qui appartiennent au gothique d'une époque plus
avancée, on n'y trouve pas ce luxe de broderies et
de ciselures qui distingue la cathédrale de Rheims
pour laquelle le sacre des rois portait à prodiguer

la richesse et la somptuosité, mais on y remarque cette sage économie de sculptures, cette sobriété de bon goût dans les ornements, type du gothique de la première période. Son plan, sans avoir le développement et l'étendue des cathédrales du nord, est immense, et le travail de sa construction est prodigieux.

Est-ce bien au moyen-âge, à cette époque presque barbare où les provinces étaient le théâtre de tant de guerres désastreuses, que de semblables édifices ont pu être fondés? On ne sait en vérité ce que l'on doit admirer le plus, du génie des architectes qui en ont conçu les plans, ou de la constance des peuples qui les ont exécutés. Mais, il faut le dire, les arts eurent au moyen-âge le christianisme pour auxiliaire; ce puissant levier enfantait des merveilles et donnait à chaque homme en particulier une force surnaturelle en lui révélant sa grandeur. Tel est sur nous l'empire de notre propre dignité! Hommes déchus, nous sommes faibles; hommes régénérés, notre génie n'a plus d'entraves.

Le Gouvernement en créant un Comité des monuments historiques a prouvé sa sollicitude pour tout ce qui se rattache aux souvenirs du passé. S'occuper de l'exploration des vieux monuments, en dévoiler l'origine, étudier leur caractère et indiquer leurs besoins, telle est la belle mission des membres de ce Comité. Que la Société de Statistique du département de la Drôme apporte son concours à ce travail digne des esprits élevés. L'église de Romans mérite son attention à tous égards ; je vais indiquer succinctement les principaux ouvrages que nécessiterait sa restauration.

Des arceaux ont été pratiqués dans les murs latéraux pour former des chapelles , mais leurs entraxes ne coïncident pas avec les travées de la nef, ce qui produit une irrégularité choquante. Il conviendrait donc de changer la place de ces chapelles. Le pavé de l'église exige une réparation presque entière ; aussi se propose-t-on de faire commencer cet ouvrage incessamment. La galerie supérieure manque d'une balustrade ; il faut nécessairement en construire une pour rendre son parcours sans danger ; ce travail, sans être bien urgent, est indispensable. On ne doit pas oublier les vitraux de l'église; on n'y voit dans l'état actuel aucunes traces de peintures , mais il est possible qu'elles aient été détruites. Si elles ont existé il faut les rétablir, sinon il faut les créer. Dans ce cas une innovation est permise. Le demi-jour dont les vitraux peints éclairent nos vieilles cathédrales n'inspire-t-il pas le recueillement et la prière? Ne porte-t-il pas, comme le crépuscule , le cœur de l'homme à la méditation et aux pensées religieuses? Il reste enfin la réparation des sculptures. Cette tâche extrêmement délicate mérite des études et des soins très-consciencieux.

Tels sont les principaux travaux à exécuter. L'honorable M. Giraud, député de la Drôme, a obtenu du Gouvernement une partie des fonds

nécessaires pour faire face aux dépenses. Le pa-
triotisme des Romanais leur suggérera peut-être
le moyen de se procurer le complément de la
somme.

Malheureusement l'indifférence que l'on apporte
de nos jours à l'art des constructions est destruc-
tive. Non-seulement on ne voit plus dans nos provinces ériger de ces beaux monuments qui attes-
taient durant des siècles la puissance humaine,
mais encore on laisse disparaître de précieux restes qui, debout, épars dans nos cités, semblent
des phares placés pour éclairer et rallier tout ce
qui peut comprendre et reproduire l'art architectural. Les Grecs et les Romains, après eux les
premiers chrétiens, marquèrent leurs édifices chacun du sceau de son génie. Les Grecs imprimèrent
sur le front de leurs œuvres la noble simplicité,
la grâce, l'énergie qui les caractérisaient; les Romains le grandiose, symbole de la puissance et de
la force de ce peuple conquérant. Enfin les premiers chrétiens puisèrent dans le spiritualisme de
leurs idées religieuses la conception de ces édifices
sublimes, élancés, aériens, qui paraissent bien plus
appartenir au ciel qu'à la terre. De nos jours quelle
empreinte laisserons-nous sur la pierre? Ah ! que
les générations futures n'y lisent pas les caractères
du stérile égoïsme et de l'intérêt matériel.

Conservons du moins si nous ne pouvons créer.
L'église Saint-Barnard, seul monument que pos-
sède la ville de Romans, a tous les titres nécessaires pour fixer l'attention des artistes et éveiller

la sollicitude de son administration si féconde
en travaux d'utilité publique, si persévérante
dans ses vues bienfaisantes. En faisant déclarer
cette église *monumentale*, l'honorable M. Giraud
l'a mise à même de recevoir, à diverses époques,
quelques secours du gouvernement ; mais il serait
à désirer qu'on pût disposer dès ce moment d'une
somme de dix-huit mille francs pour les travaux de
réparation les plus urgents. M. le ministre a déjà
mis à la disposition de la commune une somme de
quinze cents francs pour être affectés à cette église ;
comptons sur d'autres ressources. Dans cette circonstance les sentiments les plus intimes de l'âme
se feront entendre, et nous verrons surgir de l'es-
prit de nationalité qui distingue les Romanais les
moyens de conserver le seul monument qui décore
leur ville chérie.

*Hippolyte Epailly,*

Architecte de la ville de Romans, Membre de la Société
de Statistique du département de la Drôme.